INSTRUMENTOS MUSICALES

Los saxofones

Ruth Daly

AV2
SPANISH

www.av2books.com

AV2 SPANISH

Step 1
Go to **www.av2books.com**

Step 2
Enter this unique code

AVR43879

Step 3
Explore your interactive eBook!

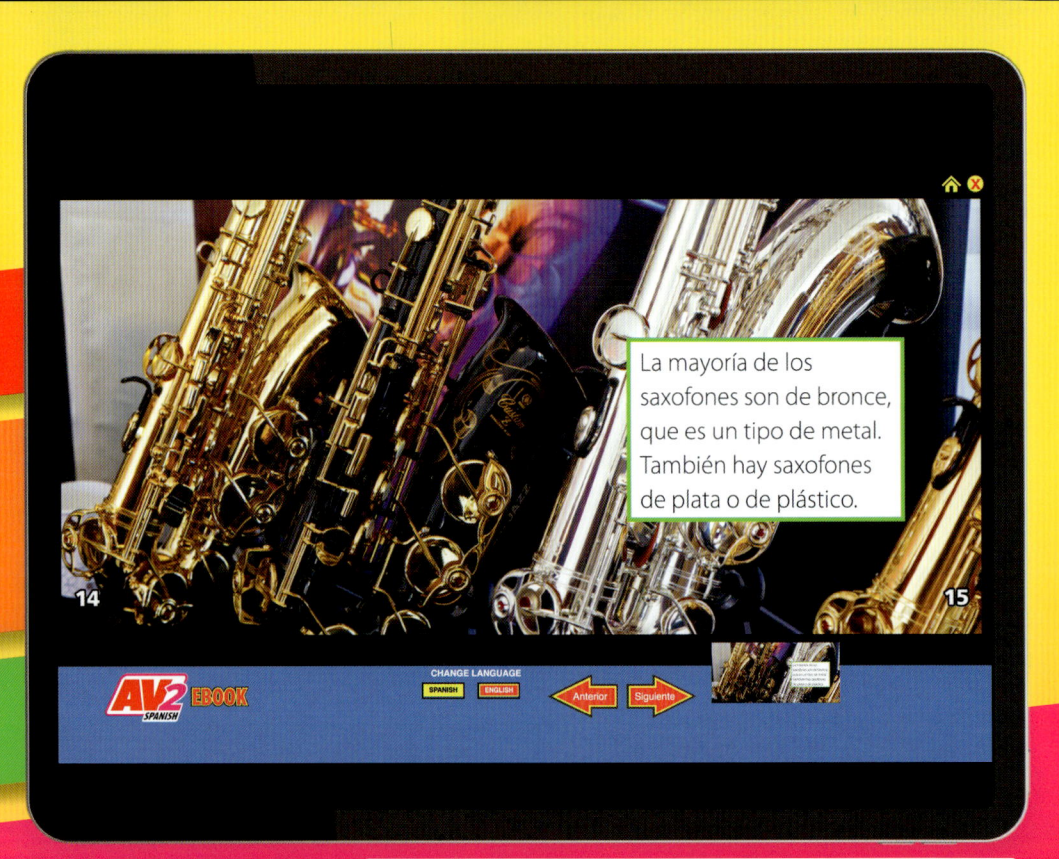

AV2 Spanish is optimized for use on any device

Media Enhanced Book
Every hardcover Spanish title comes with two free eBooks for a complete bilingual experience

Language Toggle
Users can toggle between Spanish and English to learn the vocabulary of both languages

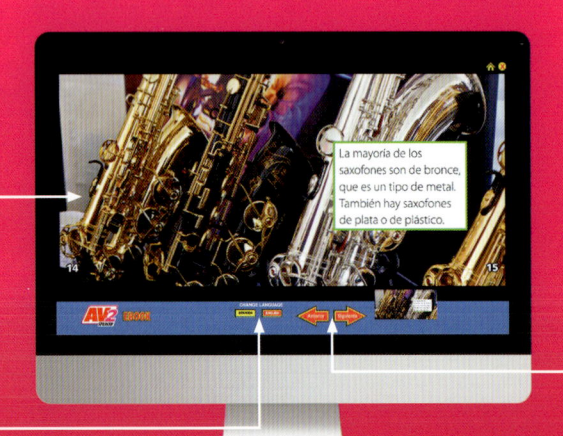

AV2 Page Controls
An intuitive design allows users to go back and forth through the pages in their selected language

View new titles and product videos at www.av2books.com

INSTRUMENTOS MUSICALES

Los saxofones

En este libro, aprenderás sobre

los saxofones

qué son

cómo se tocan

¡y mucho más!

4

Sopla, sopla. Presiona, presiona. ¡Prepárate para tocar el saxofón!

El saxofón es un instrumento con llaves y agujeros. La mayoría de los saxofones tienen 24 agujeros. Algunos están tapados con almohadillas.

Los saxofones pueden tener diferentes tamaños. El más pequeño mide solo 12 pulgadas de largo.

7

8

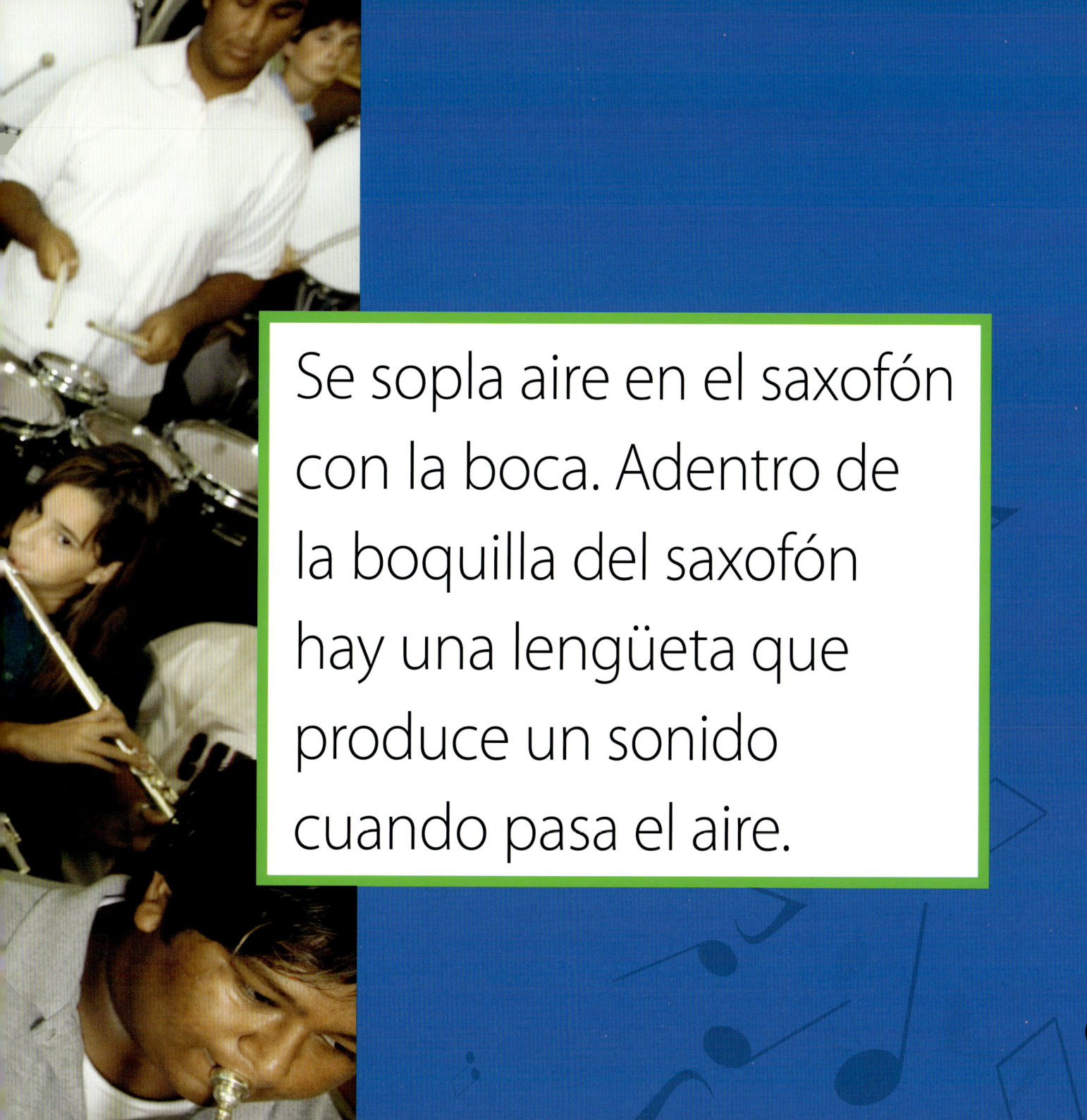

Se sopla aire en el saxofón con la boca. Adentro de la boquilla del saxofón hay una lengüeta que produce un sonido cuando pasa el aire.

10

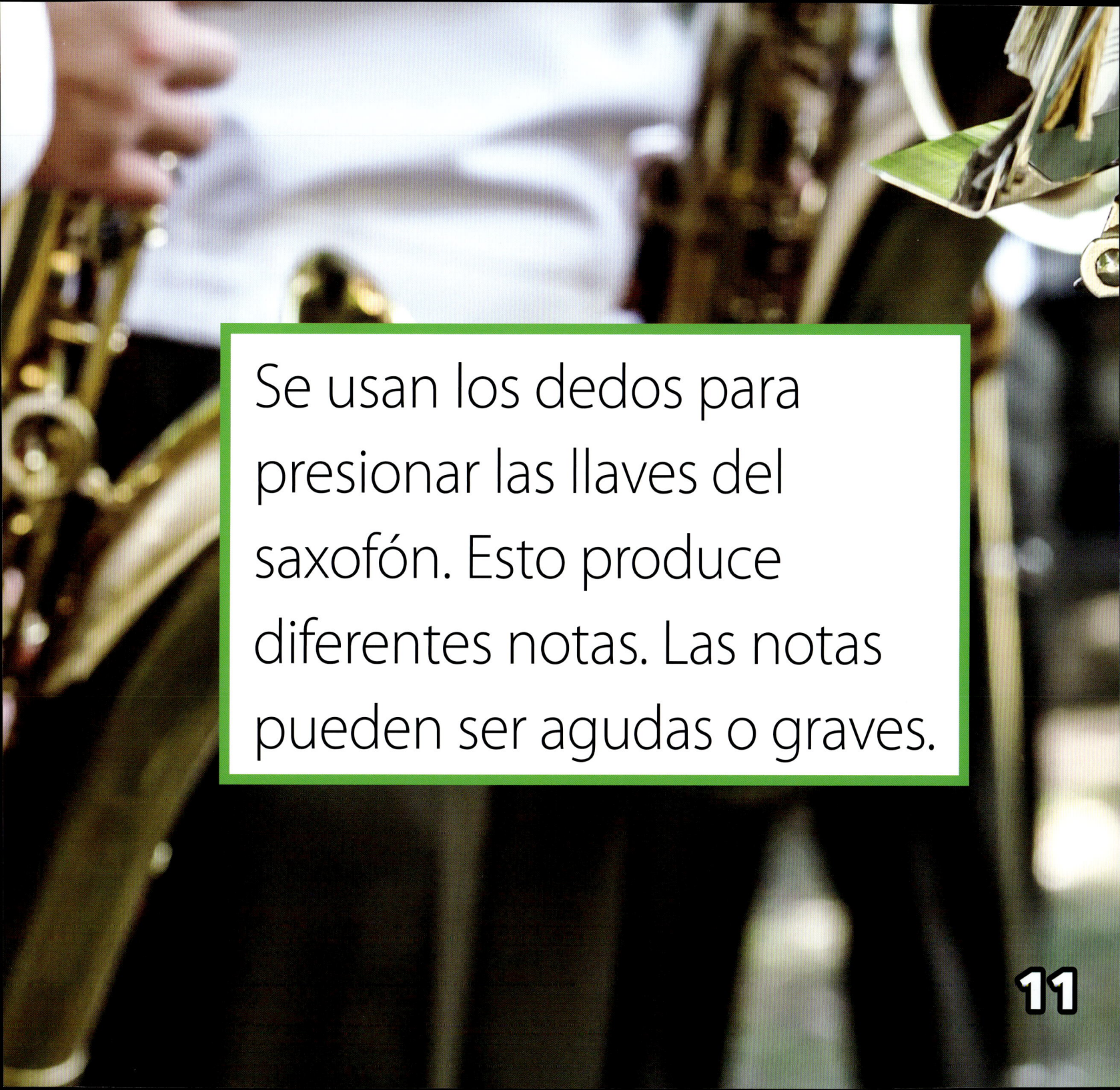

Se usan los dedos para presionar las llaves del saxofón. Esto produce diferentes notas. Las notas pueden ser agudas o graves.

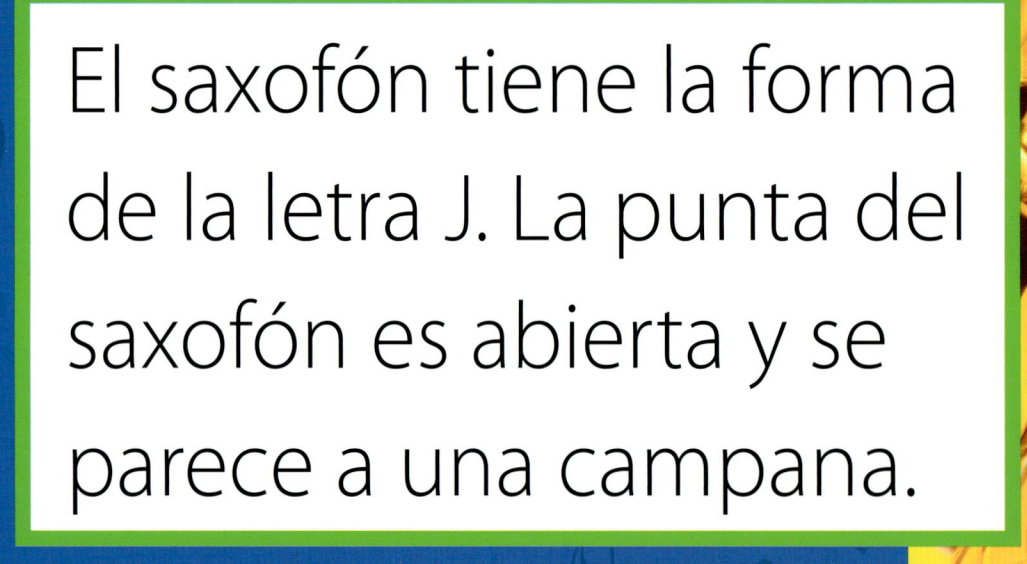

El saxofón tiene la forma de la letra J. La punta del saxofón es abierta y se parece a una campana.

13

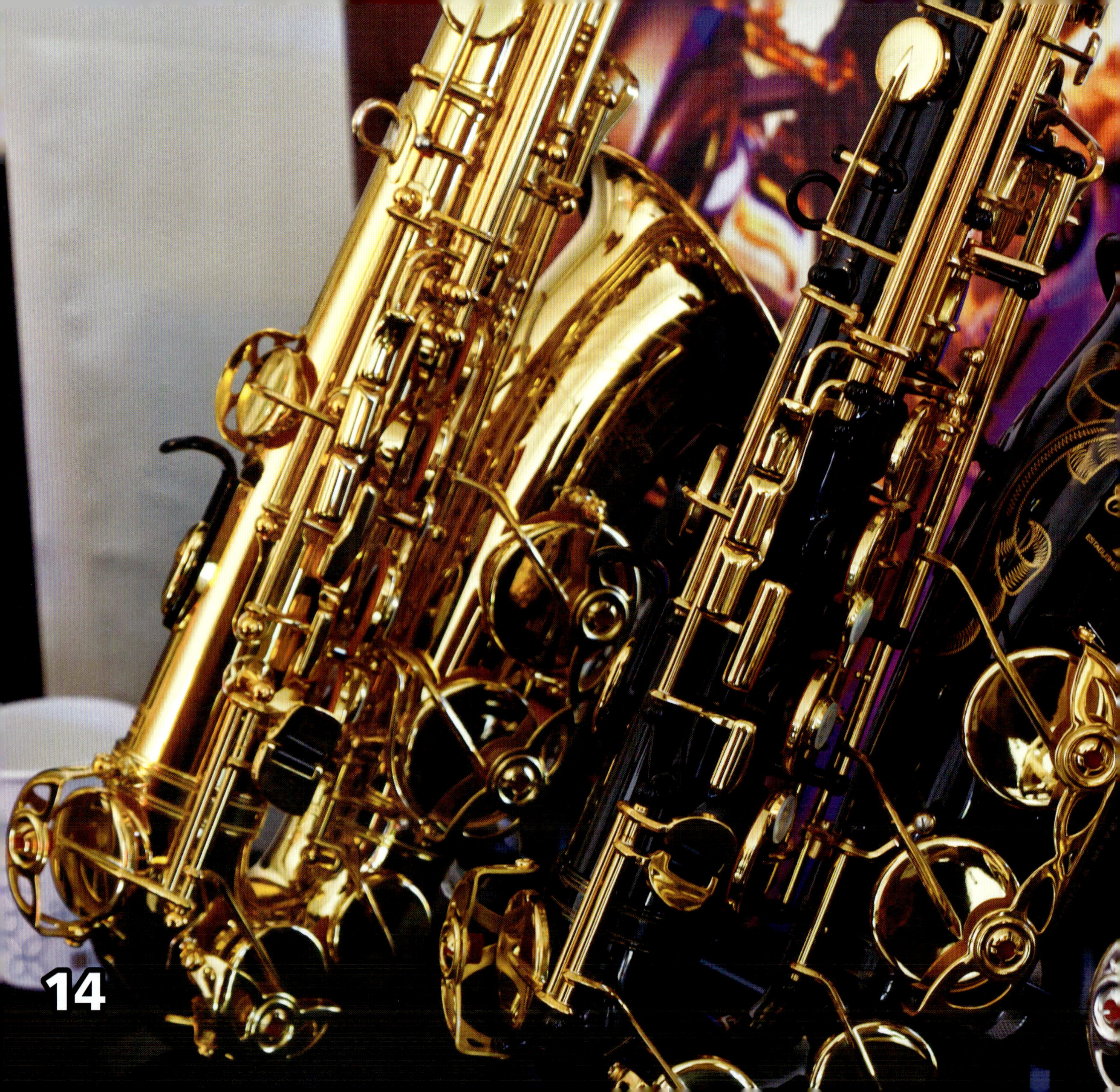

La mayoría de los saxofones son de bronce, que es un tipo de metal. También hay saxofones de plata o de plástico.

El saxofón se comenzó a tocar en Europa hace unos 170 años.

El primer saxofón moderno fue construido por Adolphe Sax y por eso lleva su nombre.

17

18

Los saxofones son muy populares en la música jazz. También se los usa en las orquestas y las bandas musicales.

Coleman Hawkins fue un músico de jazz estadounidense que popularizó al saxofón como instrumento de jazz.

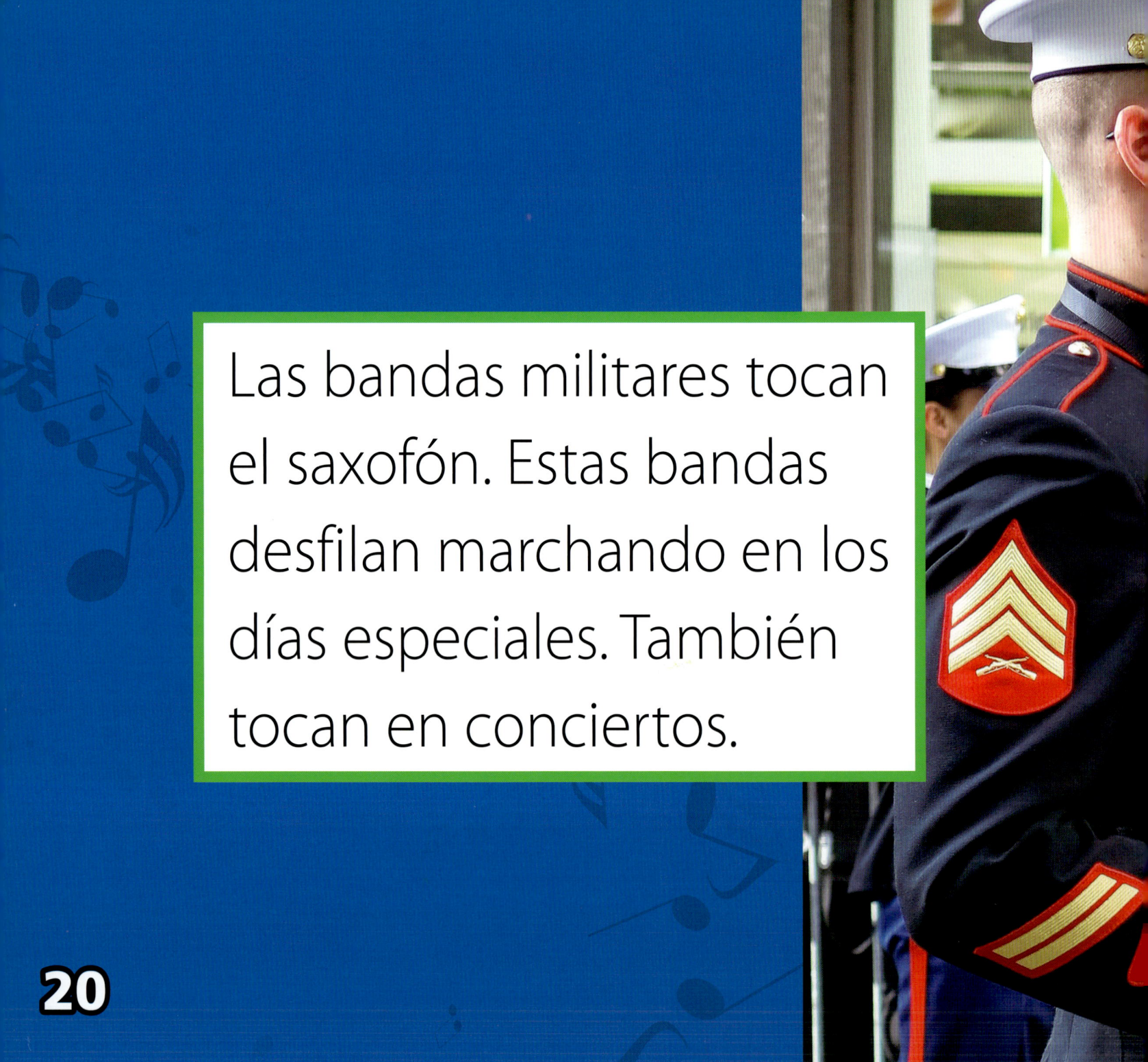

Las bandas militares tocan el saxofón. Estas bandas desfilan marchando en los días especiales. También tocan en conciertos.

21

Veamos qué has aprendido sobre los saxofones.

¿Cuáles de estas imágenes no muestran a un saxofón?

23

AV2 SPANISH

Step 1
Go to www.av2books.com

Step 2
Enter this unique code

AVR43879

Step 3
Explore your interactive eBook!

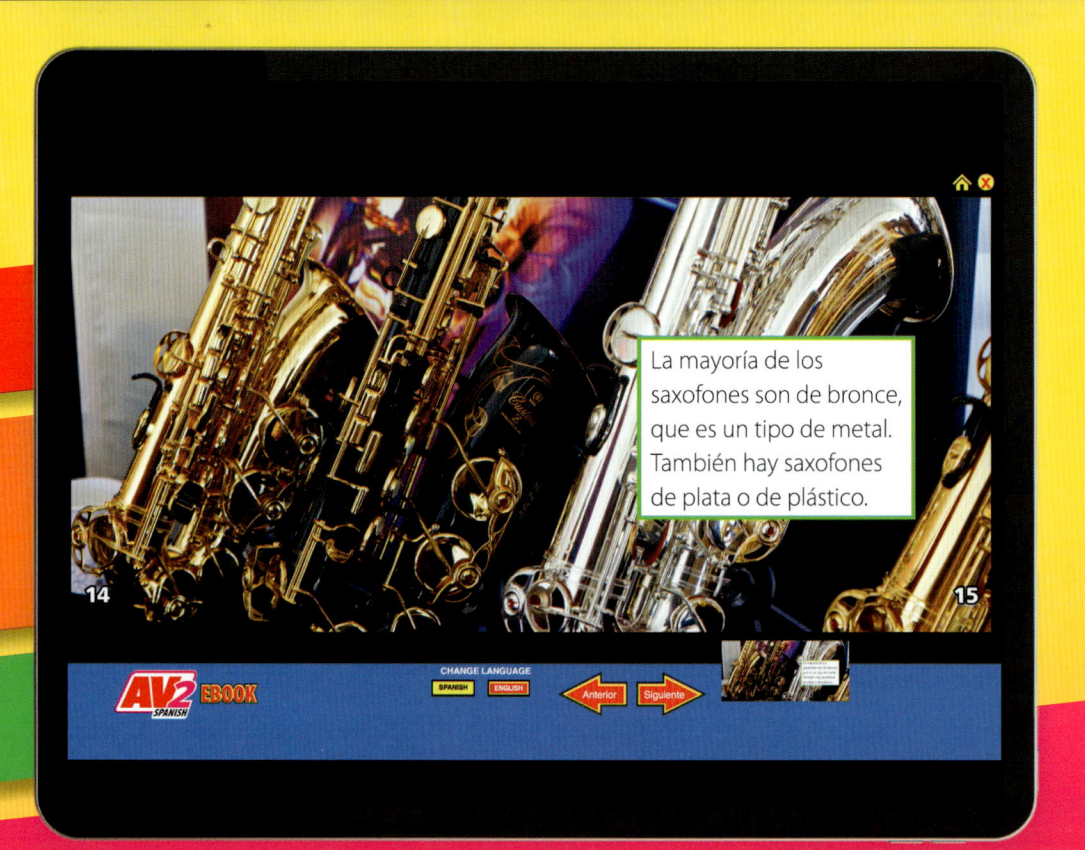

La mayoría de los saxofones son de bronce, que es un tipo de metal. También hay saxofones de plata o de plástico.

AV2 Spanish is optimized for use on any device

Published by AV2
350 5th Avenue, 59th Floor New York, NY 10118
Website: www.av2books.com

Copyright ©2021 AV2
All rights reserved. No part of this publication may be reproduced, stored in a retrieval system, or transmitted in any form or by any means, electronic, mechanical, photocopying, recording, or otherwise, without the prior written permission of the publisher.

Library of Congress Control Number: 2019955505

ISBN 978-1-7911-2237-9 (hardcover)
ISBN 978-1-7911-2238-6 (multi-user eBook)

Printed in Guangzhou, China
1 2 3 4 5 6 7 8 9 0 24 23 22 21 20

032020
101719

Spanish Project Coordinator: Sara Cucini Spanish Editor: Translation Services USA LLC
Designer: Nick Newton · English Project Coordinator: John Willis

AV2 acknowledges Getty Images, Alamy, and Shutterstock as the primary image suppliers for this title.

View new titles and product videos at www.av2books.com